NOTICE NÉCROLOGIQUE

SUR

M. DE LOURDE DE LA PLACE

NOTICE NÉCROLOGIQUE

SUR

M. DE LOURDE DE LAPLACE.

MONSIEUR,

Voici quelques extraits d'une lettre au sujet de la mort de Monsieur Charles DE LOURDES DE LAPLACE.

La lettre dont les extraits suivent est de sa sœur.

Nérac, le 5 avril 1867.

Vous avez déjà appris par une terrible dépêche et ensuite par une lettre de M. Molines le coup si douloureux qui nous a frappés tous. Ce n'est que hier à cinq heures du soir que nous avons accompagné notre cher Charles à sa demeure dernière, au milieu des pleurs de ses amis et de sa nombreuse clientelle, et du recueillement d'une foule qui, pendant deux jours, s'est tenue prête à lui rendre ce dernier hommage.

Pauvre cher ami ! c'est au moment où ses talents, son dévouement et ses succès, lui ouvraient un si heureux avenir, que Dieu l'a rappelé à lui ! Ce cher ami était malade lui-même et ne donnait ses consultations du matin au soir qu'avec une extrême fatigue. Nous l'engagions, maman et moi à se reposer, mais il répugnait à le faire, avant l'époque qu'il avait fixée à ses malades, le 31 mars. Hélas ! que nous étions loin de penser que le lendemain de cette date marquée si longtemps à l'avance, serait le commencement de son repos éternel ! Sa toux fréquente ne nous ôtait nullement l'espoir que le traitement qu'il devait commencer chez le docteur Dupuï, notre parent et son ami intime depuis plus de vingt ans, lui rendrait la santé. Nous l'avons accompagné dimanche dernier, ma bonne tante, maman et moi, jusqu'au pont Sainte-Marie où il prenait le chemin de fer pour Bordeaux. Il arriva en deux heures et demie à Bordeaux. Son ami l'attendait à la gare. Le cher Charles fut heureux de passer avec lui cette soirée, causer avec lui, dîna avec plaisir et fut conduit à la chambre qu'il devait occuper si peu de temps.

Le lendemain premier avril il déjeûna avec plaisir et appétit, lut un livre dans une heure en disant que cela l'avait distrait. Il demanda du papier pour nous écrire et se promena dans sa chambre, pendant que M. Dupuï sortait avec sa femme. Quand il rentra son ami monta rapidement dans sa chambre et le trouva sans vie sur le lit où il avait voulu sans doute se reposer. Son ami nous envoya de suite une dépêche par l'intermédiaire de M. Molines. La dépêche demandait qu'elles étaient nos intentions à l'égard de sa dépouille mortelle, et nous demandâmes son transport à Nérac. Comme M. Dupuï a préféré le faire transporter par une voiture consacrée à cet usage, plutôt que par le chemin de fer, la chère dépouille n'est arrivée que la quatrième journée après le décès. Ma tante, qui le pleure comme son fils, est venue deux fois avec nous à sa rencontre, jusqu'au pont Sainte-Marie, où M. Dupuï le faisait accompagner par deux personnes de confiance. On dirait qu'il a laissé une foule d'orphelins, tant il est regretté.

Ce bien-aimé repose entre notre grand-père et notre grand'mère qui l'avaient tant aimé.

A M. le Rédacteur du Journal de Nérac.

Monsieur,

J'assistais, il y a un mois, à la sépulture d'un homme qui laissait bien des regrets et emportait bien des espérances Aux larmes de sa famille et de ses amis se joignaient celles d'une foule nombreuse que la reconnaissance rassemblait autour de sa tombe et qui sentait, comme moi, que la perte de M. Charles de Lourdes de Laplace allait porter le deuil dans de nombreuses familles.

Et cependant le silence se serait fait sur cette tombe, si le *Figaro* n'eût publié l'article suivant, reproduit par le *Journal de Lot-et-Garonne,* dans son numéro du 28 avril dernier :

« On nous annonce la mort à Bordeaux, dit le *Figaro,*
» d'un homme à qui Mürger a fait une célébrité universel-
» le en le prenant pour type d'un des personnages de *sa*
» *Vie de Bohême* : Colline.

» Colline (il était beaucoup plus connu sous ce pseudo-
» nyme que sous son véritable nom) s'appelait Charles de
» Lourdes de Laplace.

» Ce n'était aucunement le bohême qu'on se figure.

» C'était un érudit, à la fois médecin, philosophe et lin-
» guiste, de plus à demi poète et quelque peu musicien.
» C'était aussi un original, très-spirituel, un causeur étin-
» celant, plein d'anecdotes piquantes et de détails nou-
» veaux, doux, modeste, enthousiaste de tout ce qui est
» bon et beau, une âme d'artiste enfin dans un crâne de
» penseur. C'était surtout une âme noble, haute, droite et
» loyale, d'une délicatesse rare, et un caractère extrême-
» ment honorable et digne d'estime.

» Colline (il faut lui conserver ce nom qu'il a porté si
» longtemps) vient de mourir à Bordeaux bien tristement,
» à l'hôpital, nous dit-on, tout seul, sans parents, sans
» amis autour de lui, dans le lit des pauvres gens! Pauvre
» Colline ! »

Quelques jours après avoir reproduit cet article, le *Journal de Lot-et-Garonne* insérait la rectification suivante:

« Nous avons reproduit dans notre numéro de dimanche
» dernier un article du *Figaro* annonçant la mort, à l'hos-
» pice de Bordeaux, de M. de Lourdes de Laplace, qui n'é-
» tait autre que le fameux Colline de la *Vie de Bohême de*
» *Mürger*.

» Nous apprenons aujourd'hui, par des renseignements
» particuliers, que le *Figaro* avait été très-mal informé des
» circonstances du décès.

» M. de Lourdes de Laplace est mort, nous écrit-on, le
» 1er avril dernier, non pas à l'hôpital, mais à Bordeaux,
» Allée de Tourny, n° 8, dans la maison de M. le docteur
» Dupuï, qui connaissait le pauvre garçon et l'avait re-
» cueilli chez lui quelques jours avant sa mort, alors qu'il
» était déjà dans un état fort avancé de phthisie pulmo-
» naire.

» Le corps de M. de Lourdes de Laplace a été transporté
» à Nérac, lieu de naissance du défunt, sur la demande
» et aux frais de sa famille. »

Qu'ajouter au portrait si ressemblant donné par le *Figaro* ? Le cadre de fantaisie qui l'entoure n'ôte rien au sérieux et à la vérité du tableau: C'est bien là M. de Lourdes, l'âme droite et loyale, poussant le dévouement et le désintéressement jusqu'à l'abnégation. — Pour qui l'a vu, ardent à la tâche qu'il s'était imposée, résistant aux affectueux conseils de sa famille alarmée, demeurant sourd aux appels de l'éminent professeur le docteur Dupuï, son parent et son ami, qui le pressait de venir près de lui, et ne cédant, enfin, à ses instances que lorsque ses forces ont trahi sa volonté; il est certain que la cause de la mort prématurée de M. de Lourdes se trouve dans cette enthousiaste et philanthropique abnégation.

M. de Lourdes n'a donc été ni le Colline *mort à l'hôpital*, du cadre du *Figaro*, ni le *pauvre garçon recueilli* par M. Dupuï, de la rectification du *Lot-et-Garonne*, mais il a été l'homme utile et désintéressé, l'ami loyal et dévoué à la mémoire duquel je suis heureux de rendre cet hommage de regrets et de reconnaissance.

Recevez, etc. BERGERET.

Nérac, 8 mai 1867.

Nous insérons l'article suivant, extrait du *Monde illustré*.

Puisque nous devons tenir presque toujours un compte ouvert à la nécrologie, qu'on nous permette de consacrer quelques lignes au souvenir d'un brave et honnête garçon dont nous serrâmes bien des fois la main.

Deux ou trois mots d'adieu ont seuls été jetés sur sa tombe et pourtant cette figure qui était celle d'un des derniers originaux du temps méritait mieux.

Celui dont nous voulons parler n'était pas comme on l'a annoncé par erreur le Colline de Mürger. Colline on l'appelait en effet, mais ce surnom lui avait précisément été décerné parce qu'il ressemblait au personnage de la *Vie de Bohême*. Appartenant à une excellente famille, Colline II aurait été à coup sûr un homme hors ligne s'il avait su fixer sur un seul point les facultés qu'il éparpillait en tirailleur de l'intelligence.

Malheureusement, sans cesse à la poursuite de quelque rêve nouveau, il perdait toujours la réalité de vue. Ses inventions, à l'entendre, se comptaient par centaines. Aujourd'hui, c'était la navigation aérienne en vue de laquelle il avait composé sur papier un magnifique hippogriffe ; le lendemain c'était un vinaigre merveilleux fabriqué par un procédé économique ; le surlendemain une pompe à hélice.. que sais-je ?....

La médecine était une de ses spécialités favorites. Si vous vouliez le rendre heureux pour huit jours, vous n'aviez qu'à avaler une ou deux pilules suivant sa formule.

Il était lié avec presque tous les artistes et littérateurs de Paris, de ce Paris qu'il préférait avec ses dures épreuves à la province avec son pot-au-feu assuré. Que de fois, dans des réunions artistiques ou littéraires, il fit, par ses paradoxes, la joie de l'assistance. Avec quelle naïveté amusante il disait par instants : moi et Shakespeare, moi et Victor Hugo ! Orateur intrépide, il était de taille à parler pendant trois heures sans s'arrêter si le sujet l'emportait. Noctambule déterminé il vous aurait promené à travers les rues jusqu'au point du jour pour vous exposer un de ses soixante-dix systèmes.

— Personne mieux que moi, déclarait-il souvent dans son style pittoresque, ne s'entend mieux à dissoudre un homme dans un verre d'eau sucrée.

Détail singulier, c'est à Colline II que Madame Ristori doit son immense succès et son immense fortune.

Quand elle vint à Paris pour la première fois, il s'enthousiasma pour elle, se fit en quelque sorte chef de claque officieux, stimulant les uns, entraînant les autres, faisant une propagande effrénée et achetant chaque soir (le Pactole passait par hasard par sa bourse à ce moment-là) de splendides bouquets qu'il décochait d'une main sûre, de la stalle du premier rang qu'il occupait invariablement à l'orchestre des Italiens.

Quand il commença cette propagande, Madame Ristori était ignorée chez nous. Après quinze jours d'enrôlements volontaires et de bouquets répétés, il l'avait faite célèbre.

C'était le beau temps !

Les jours sombres furent plus nombreux ! La vie de bohême a de durs quarts-d'heure et il me semble voir encore le pauvre Colline dans sa petite chambre de Corneille si étroite que pour respirer il lui fallait en plein hiver en laisser la fenêtre ouverte.

Malgré cela, le jour venu il se levait insoucieux et gai, jusqu'à ce que gaîté et insouciance aient sombré. A demi terrassé par le mal il partit pour retourner dans son pays. Il espérait encore, et toujours excentrique, écrivait il y a six semaines une lettre en latin à un de ses amis pour lui dire qu'il reviendrait *cum rosæ florerent*. Les roses ont fleuri et lui est mort à Bordeaux, mort d'une maladie qu'on pourrait appeler la *Parisianite aiguë*. Il aimait trop Paris, c'est ce qui l'a tué ?

Et depuis lors, quelque chose manque au boulevard Montmartre tout étonné de ne plus voir passer son Colline ordinaire, à la maigreur étrange, aux gestes anguleux, aux bruyantes dissertations ; son Colline promenant pendant des mois sous le bras le même volume, exhibant des costumes invraisemblables dont les poches béantes recélaient un monde de paperasses et de bibelots.

Un des côtés étranges de cette figure qui en avait tant, c'était son ardeur de croyance protestante : figurez-vous Marcel des *Huguenots* vivant en plein macadam. Les types sont rares, à notre époque d'uniformité monotone, celui-là méritait bien la mention que lui accorde mon souvenir encore tout attristé.

C'eût été, à coup sûr, un des dictionnaires encyclopédiques les plus curieux à feuilleter que Colline, si un souffle malencontreux n'en avait brouillé les pages. Son cerveau était une bibliothèque de livres dépareillés, mais, en somme, il y avait des livres. C'est beaucoup.

(*Monde illustré*).

Nous insérons encore l'article suivant, extrait de la *Revue d'Aquitaine et des Pyrénées*.

DE LOURDES DE LAPLACE.

La plume tremble dans mes mains et le cœur dans ma poitrine, au souvenir d'un vieil ami que j'ai perdu (1) ; il était fils d'un ministre protestant de Nérac, (2) qui lui avait donné l'exemple d'une existence austère ; son nom véritable était de Lourdes de Laplace ; mais, dans la famille littéraire du boulevard Montmartre, il était plus connu par celui de Colline. Le *Figaro*, en le désignant comme l'un des quatre types de la *Vie de Bohême*, s'est trompé. Celui qui posa pour la figure du philosophe, de l'homme aux bouquins, fut Privat d'Anglemont. Seulement, comme les poches de notre compatriote du Lot-et-Garonne servaient de rayons à sa bibliothèque portative, nous lui donnâmes en 1848, par analogie, le nom du héros de Mürger. Il le garda, et le répandit depuis dans le monde artistique et littéraire.

L'étude de la médecine l'avait amené à Paris. Bien qu'il eût dédaigné de prendre ses grades, il fut distingué par Maréchal de Calvi, qui le fit son secrétaire. Sa nature réfléchie et les idées économiques qui surgirent après la

---

(1) Pierre Véron, dont il était l'ami, lui a consacré, dans le *Monde illustré*, une page pleine d'émotion.

(2) Le père de Charles de Lourdes de Laplace, est pasteur protestant dans le département de la Manche. Il réside à Chefresne. Il exerce son ministère à Saint-Lo, à Coutances et à Avranches. Il est membre du Conseil départemental de l'instruction publique.

révolution de février, l'entraînèrent vers les théories philosophiques et sociales. Au lieu de se jeter dans les sentiers battus, son esprit chercha la solution de l'avenir dans le passé, et procréa une doctrine originale, mais fort dangereuse à mon point de vue.

Il avait agrégé les idées de d'Aubigné, de Joseph de Maistre, et ses méditations personnelles, dont il avait fait un tout approprié, selon lui, aux sociétés modernes. Quand il exposait son dogme, on était toujours charmé par son doux apostolat et souvent renversé par sa robuste dialectique. L'éclat de ses improvisations, la solidité de son savoir en matière philosophique et économique, la justesse soudaine de son expression, captivaient toujours profondément ceux qui l'écoutaient. Il gravitait dans la colonie des artistes et des littérateurs qui stationne deux fois par jour au café de Madrid. Là, se réunit en groupes assortis une partie des écrivains attachés à la rédaction du *Temps*, du *Figaro*, du *Siècle*, du défunt *Courrier du Dimanche*, du *Nain jaune*.

Ses ressources dans la controverse étaient surprenantes. Sa doctrine autoritaire que je n'ai pas le droit de résumer ici, paraissait dépaysée dans le milieu libéral qu'il fréquentait. Les objections pleuvaient dru, la riposte jaillissait plus abondante encore : son calme au sein de ces discussions, ne s'altérait jamais ; on eût cru qu'il évangélisait. Son argumentation souple et originale, son accent honnête, faisaient toujours amnistier la hardiesse de ses idées. Il attribuait la clarté de son intelligence et de sa diction à l'influence de l'ammoniaque, qui, d'après lui, dépouillait le cerveau de ses scories. Aussi était-il inséparable d'un petit flacon qui contenait la merveilleuse substance, et la versait-il par gouttelettes dans sa tasse de café.

En médecine, son système reposait entièrement sur

la chimie : il était convaincu que l'on pouvait enrichir ou appauvrir l'organisme à volonté. Après inspection des urines, il ôtait ou ajoutait ce qui était essentiel à l'équilibre physique. Je rétrécis sa doctrine, par la raison que lui seul l'avait approfondie et élargie. Lors de son arrivée à Nérac, quelque temps avant sa fin prématurée, la nouveauté de sa thérapeutique, le succès de ses cures, la séduction de son amabilité firent affluer la clientèle à son domicile.

N'étant pas breveté docteur, bien que sa tête fût pourvue d'une capacité exceptionnelle, il faisait de l'art pour l'art. Lourdes de Laplace avait toujours trouvé répugnant de se munir, comme il le disait lui-même, de *cette garantie spéciale que donne seul ce permis de chasse, en tout temps et en tout pays, qu'on appelle un diplôme.* Devant l'impossibilité d'exercer d'une manière indépendante et efficace, il s'était résigné à dresser une savante thèse latine qu'il se proposait d'aller soutenir devant la faculté d'Eidelburg, la plus réputée d'Allemagne pour les études médicales.

Ses collègues, dont la confraternité, surtout en province, est rarement pratique, l'attaquèrent avec une grande violence, dont l'unique effet fut d'affirmer sa valeur et ses succès. Leur jalousie était alimentée par le passage continuel de gens, accourus pour le consulter, malgré l'âpreté de la saison, de tous les points de notre région. Je détache d'une touchante lettre de sa sœur, à mon adresse, quelques lignes relatives à cette irruption de son cabinet par le public :

« .... Ce cher frère nous a tant parlé de vous,
» Monsieur, et des projets de publicité que vous for-
» miez ensemble, avant que les circonstances l'aient
» forcément entraîné à se consacrer tout entier à une
» clientèle prodigieuse, qui ne lui laissait pas un seul

» instant de repos, mais qu'il regardait avec bonheur,
» comme un magnifique présent de la Providence. C'est
» à elle qu'il a consacré ses dernières forces, jusqu'à
» retomber haletant sur son fauteuil, après chaque
» audience, pour rassembler assez d'énergie pour en
» donner une nouvelle, et pour recevoir ses malades
» avec la même bienveillance, la même sérénité. Ce
» spectacle attendrissant, pour sa famille surtout, qui
» assistait à ses moments de souffrance, est encore et
» toujours devant nos yeux. Mais s'il a été martyr de
» son dévouement, il a eu de nobles jouissances ; et
» pour un cœur élevé comme le sien, dévoué jusqu'à
» l'abnégation, pour un savant versé comme il l'était
» dans toutes les branches de la science, l'exercice de
» la médecine avait un irrésistible attrait. »

Il avait beaucoup étudié l'histoire des races, et l'examen de la tête d'un homme lui révélait, disait-il, son origine primitive. Son intuition, sous ce rapport, était prodigieuse. Des recherches sur le passé des siens, son teint bistré, son nom de Lourdes lui faisaient soupçonner que ses ancêtres étaient de provenance musulmane.

En 1854, les destins contraires nous avaient séparés ; en 1863, je le retrouvai au café de Madrid, en compagnie d'Octave Lacroix, du *Moniteur*, et de Benassit, l'aquarelliste distingué qui a illustré les *Heures parisiennes* de Delvau. Nous renouâmes nos anciens rapports. Il déploya sous nos yeux ses doctrines nouvelles, ses espérances d'avenir sans cesse renaissantes et sans cesse leurrées. Le ton convaincu de sa causerie était égayé par quelques badinages de bon goût. A l'exemple de Balzac, quoique dépourvu d'esprit positif et de savoir-faire, il projetait des entreprises industrielles dans lesquelles je devais être associé. Il est mort après avoir entrevu de loin bien des terres promises.

Notre rencontre sur le boulevard des Italiens, devant le café de Paris, fut la dernière. Il me semble le voir eucore jauni et desséché, comme un parchemin, par les privations et la phthisie. La souffrance, arrivée à sa période aiguë, avait épaissi sa langue, si alerte et si imagée. Le désir du pays natal augmentait et alimentait sa fièvre. J'essayai de détourner l'entretien, que son exaltation nostalgique rendait émouvant. Peine inutile ; il reprenait sans cesse son thème favori : il allait retourner au foyer, passer du milieu indifférent où il vivait dans les bras de sa mère et de sa sœur, réaliser enfin son rêve de quiétude domestique. Cette perspective ranimait son geste, sa parole et sa foi dans la guérison. Son cœur infini étonnait autant que son esprit : en lui serrant la main, je pressentis qu'il me laissait un adieu final. Pour ne pas trahir ma crainte, j'eus la force de lui dire : « Au revoir ! »

Hélas ! il est parti pour un voyage qui ne permet pas le retour, et sa bouche aimable est maintenant remplie de terre ; l'accomplissement du devoir professionnel l'a terrassé, mais non vaincu. Il a lutté avec une énergie indicible, sans autre soutien que ses nobles penchants, son culte de la science, son amour du prochain. Quand l'âme habite ces sphères élevées, elle se meut dans un milieu qui n'est pas encore le ciel, mais qui n'est plus la terre !

J. NOULENS.

St-Lo, impr. Jean Delamare.

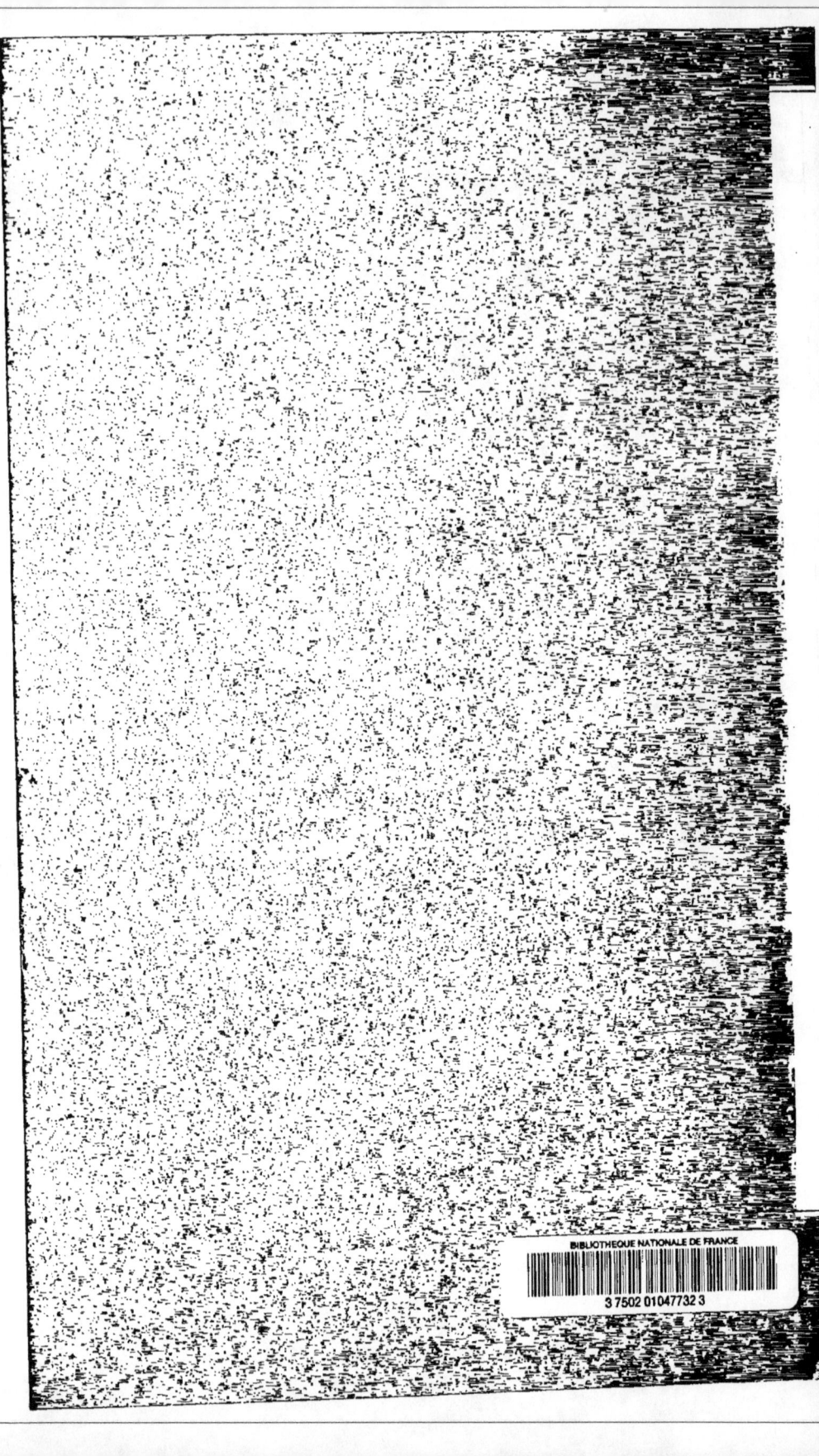

www.ingramcontent.com/pod-product-compliance
Lightning Source LLC
Chambersburg PA
CBHW060443050426
42451CB00014B/3209